32,182

MÉMOIRE

POUR

M. VAYSON, Manufacturier à Abbeville, appelant,

CONTRE

M. & Mme DELEGORGUE, intimés.

UR IMPÉRIALE D'AMIENS.

Audience du 14 Février 1855.

Ce procès est né du conflit, trop fréquent dans nos contrées, entre un propriétaire de moulin, qui demande à conserver l'eau nécessaire pour le faire mouvoir, et le propriétaire de prairies, qui, pour les dessécher, prétend détourner cette eau; pour l'un il s'agit de maintenir ce qui existe depuis un temps immémorial par la disposition naturelle des lieux, le sort de sa propriété en dépend. L'autre, pour améliorer la sienne, veut forcer en quelque sorte la nature. L'intérêt fût-il égal de part et d'autre, la justice doit rechercher de quel côté est le droit.

M. Vayson a acheté en 1853, un moulin situé à Abbeville, rue Pados, dit le moulin de *Patience*. Ce nom lui vient, ainsi que nous l'apprennent les documents historiques tirés du procès actuel, de sa situation près de la *tour à Bourrel*, où résidait l'exécuteur des hautes-œuvres. On a fait un jeu de mots, agréable sans doute, mais faux, quand on l'a attribué à la pénurie du cours d'eau, qui exerçait la patience des meûniers par de longues attentes. Le prix élevé auquel il a été vendu à toutes les époques, même lors de sa fondation en 1421, prouvent son importance ; un second moulin, dit de *Sotine*, était même établi en aval. Les deux chûtes sont aujourd'hui réunies.

M. Vayson devenu propriétaire du moulin moyennant un prix de 18,000 fr., qui presque tout entier était applicable à la chûte, s'empressa de l'approprier à son usage. Il fit pour cela une dépense considérable. Les travaux terminés, on mit la machine en mouvement ; mais sa marche lourde et irrégulière força bientôt d'arrêter. L'eau manquait. Du temps des anciens propriétaires, un homme, ayant quelquefois plusieurs ouvriers sous ses ordres, était spécialement chargé de veiller au bon état de la rivière. On le fait venir. Le matériel du service, ainsi que le personnel sont réorganisés ; et bientôt on découvre la cause de l'épuisement de la rivière.

Le moulin était resté en chômage et comme à l'abandon pendant plusieurs mois. Durant ce temps, les propriétaires des prairies s'étaient concertés pour donner aux eaux un écoulement sur un niveau plus bas que celui de la rivière *Sotine*. Il y a plusieurs années déjà, l'un d'eux, M. Macqueron avait obtenu du Ministre de la guerre la permission toute précaire de déverser dans les fossés de la place les eaux d'une partie de sa propriété, qui avoisine le terrain des fortifications. Les propriétaires du moulin, ou ne s'étaient pas aperçus du changement, ou ne s'en étaient pas plaints, car il ne leur causait pas grand dommage. Mais tout récemment on avait creusé parallèlement au lit de la Sotine un fossé, qu'on mit en communication avec celui aboutissant aux fossés de la place, et on intercepta par des barrages la communication avec la rivière des fossés et rigoles des prairies, qui de tous temps avaient alimenté cette rivière. Ce n'est pas tout, comme le niveau se trouvait ainsi singulièrement abaissé du côté de M. Macqueron, sur la rive droite, les propriétaires de la rive gauche voulurent en profiter. A cet effet, ils obtinrent de M. Macqueron la faculté de transmettre leurs eaux dans son nouveau fossé, au moyen de syphons placés sous la rivière. Le plan des lieux ci-joint permettra de suivre facilement ces explications. Le syphon pratiqué par M. Delegorgue est au point indiqué par lettre Q. Ainsi la rivière se trouvait privée des eaux qui l'alimentaient à droite et à gauche, et réduite à peu près aux ressources insuffisantes de celles qui surgissent sur son parcours.

C'était la ruine assurée du moulin. Des expériences constatées par procès-verbaux, ne le prouvent que trop. Au surplus les adversaires n'essaient guère de nier que leurs procédés détruiront le moulin; mais ils s'en soucient fort peu, car c'est leur droit, disent-ils. En présence de cette compagnie de dessèchement, qui se révélait tout-à-coup par ses œuvres, M. Vayson se vit à l'instant même entraîné dans une foule de procès contre chacun des associés séparément. Actions en réintégrande, complainte, dénonciation de nouvel œuvre, puis appelé du possessoire au pétitoire; il ne sut plus de quel côté se tourner. Le courage de l'homme qui, par devoir autant que par intérêt, défend sa propriété, l'exposa à de violentes attaques, qui ne purent vaincre sa persévérance.

Enfin le jour décisif de la justice était venu. Mais des raisons de convenance ayant forcé M. Vayson de recourir au ministère d'un avocat étranger au barreau d'Abbeville, et cet avocat n'ayant pu se présenter à l'audience indiquée, la cause fut jugée par défaut le 24 juillet 1854. C'est le jugement dont il a interjeté appel. Devant la Cour la question se reproduit dans les mêmes termes; mais avec de nouveaux documents. M. Vayson demande le maintien de la jouissance attachée de tout temps à son moulin, de toutes les eaux qui alimentent la rivière. Sans ces eaux, plus de rivière, sans rivière, plus de moulin.

On lui objecte que sa possession immémoriale est sans efficacité aux yeux de la loi; que la coutume du Ponthieu n'admettait pas de prescription en matière de servitude; que l'art. 642 du code Napoléon n'autorise la prescription de l'usage d'une source qu'à l'aide d'ouvrages apparents exécutés sur le fond où naît la source par celui qui prétend prescrire.

M. Vayson répond : 1° que sa possession réunit toutes les conditions exigées par la loi ; 2° que d'ailleurs et indépendamment de cette possession ; il a un titre dans l'acte même d'établissement du moulin, fondé par les religieux de l'abbaye de Saint-Pierre, en 1421, alors qu'ils avaient le droit exclusif de disposer des eaux en leur qualité de seigneurs et de propriétaires des sources et même des fonds où elles prennent naissance.

Nous examinerons ces deux moyens isolément ; ils ont chacun leur valeur particulière, mais réunis ils se prêtent un mutuel appui. La possession explique et confirme le titre, le titre justifie et caractérise la possession.

PREMIÈRE PARTIE.

De la Possession.

Le fait de cette possession antique n'est pas et ne saurait être méconnu. Elle se prouve par l'existence même du moulin ; depuis plus de 400 ans, il marche par la force motrice de la rivière ; cette rivière existait lors de la fondation du moulin ; elle n'existe *que par les sources qui naissent dans la petite vallée entre le Scardon et le Nouvion.* A cette preuve historique s'en joint une autre tirée de la situation des lieux, et cette preuve physique n'est pas moins irrécusable. Le lit des rivières du Scardon et du Nouvion est d'un niveau plus élevé que celui de cette vallée, dont les eaux, par conséquent, ne peuvent s'écouler que par le lit de la Sotine, dite aussi rivière des *Sources.* Ce n'est que par des moyens artificiels qu'on cherche aujourd'hui à leur procurer une autre issue.

La plupart des moulins à eau n'ont d'autres titres que l'ancienneté de leur existence. Bien peu même pourraient raconter leur origine avec des détails aussi authentiques et aussi précis que le nôtre.

Et cette possession immémoriale ne serait pas un titre à leur conservation ! Il serait toujours libre aux propriétaires des terrains en amont de les détruire en détournant les sources et cours d'eau qui les mettent en mouvement !

Sans doute en principe le propriétaire du terrain où la source prend naissance, est propriétaire de cette source, et a droit de la détourner à son gré. Mais aussi le propriétaire inférieur peut obtenir de lui qu'il renonce à cette faculté en sa faveur. Or, la prescription est fondée précisément sur une convention présumée, d'où l'adage : « *Tout ce qui tombe en convention, tombe en prescription.* » Un homme a établi à grands frais un moulin sur sa propriété ; ce moulin a subsisté pendant plus de 30 ans ; il a été l'objet de contrats de toute espèce et a été transmis par succession, constitué en dot, vendu même par l'autorité de la justice, le tout au vu et au su des propriétaires de la source ; n'est-il pas bien présumable que tout cela s'est fait par suite d'un accord entre celui-ci et les propriétaires du moulin. Cette présomption, la loi se l'approprie en lui donnant la force d'une preuve.

Mais est-il nécessaire pour cela que les ouvrages, signes et instruments de la possession, aient été pratiqués sur le terrain où naît la source ? Nous ne dissimulerons pas que plusieurs arrêts de la Cour de cassation n'aient poussé jusque là l'exigence. Mais cette interprétation rigoureuse de la loi, qui n'est justifiée ni par son texte, ni par son esprit, est combattue par les auteurs les plus graves, entre autres par MM. Delvincourt, Favard, Pardessus, Zacharie ; et M. Marcadé (Tome II, p. 632), démontre, par l'analyse de la discussion au Conseil-d'Etat, que le mot *apparents* a été ajouté à la première rédaction, précisément pour répondre aux scrupules de ceux qui craignaient que les travaux exécutés par le propriétaire du fonds inférieur sur ce fonds ne fussent ignorés du propriétaire de la source.

Quoiqu'il en soit, la possession invoquée par M. Vayson a tous les caractères requis par la jurisprudence la plus exigeante. En effet il articule, et il est de notoriété, Il offre la preuve en cas de dénégation, que les fossés des prairies de M. Delegorgue ont toujours été curés et faucardés par les propriétaires du moulin ; que les sources désignées sous les noms de *Pulverins* étaient nettoyées par leurs ouvriers ; qu'un service spécial et *permanent* était organisé à cet effet et que le travail durait quelquefois des mois entiers ; que même, en 1820 par exemple, le débouché des eaux des prairies dans la rivière ayant été intercepté par des barrages, ces barrages furent détruits par le sieur Trancart, alors propriétaire du moulin.

Une enquête au possessoire, dont malheureusement il n'a pas été dressé de procès-verbal détaillé, nous a indiqué ce que produirait une information plus complète.

On oppose à ces articulations des baux et des documents desquels il résulterait que quelques fossés auraient été ouverts ou élargis par M. Danzel, aïeul de Mme Delegorgue ; que l'entretien de ces fossés et des rigoles aurait été mis à la charge des fermiers.

Il en devait être ainsi. Les prairies ou récoltées en foin, ou servant au pâturage, ou exploitées en blanchisserie, avaient besoin de fossés d'égout, de séparation, de clôture, de rigoles, etc. L'obligation de curer les fossés et rigoles, imposée aux fermiers n'avait donc rien d'incompatible avec la faculté appartenant au propriétaire du moulin de curer et nettoyer certains fossés, selon sa convenance et ses besoins particuliers. Aussi voit-on dans les baux du moulin, que l'on impose également aux locataires l'obligation de curer non-seulement la rivière, mais encore les *Pulverins*.

Un bail de la prairie de M. Delegorgue du 25 novembre 1790 établit bien cette distinction, comme on va le voir.

La petite vallée comprise entre le Scardon et le Nouvion, au milieu de laquelle coule la Sotine, est remplie de sources abondantes, qui forment cette dernière rivière. Un plan authentique, remontant à une époque reculée, montre toute la partie située sur la rive droite couverte de larges mares, qui sont les bassins de ces sources. La rive droite, où est la prairie de Mme Delegorgue, plus resserrée entre la Sotine et le Scardon, avait un niveau un peu plus élevé. Nous en trouvons la cause dans une enquête du 13 avril 1630, faite devant le lieutenant-général de la sénéchaussée de Ponthieu. Au nombre des témoins entendus est le sieur Hector de Beauvarlet, alors âgé de

76 ans, l'un des précédents propriétaires de la prairie de Mme Delegorgue, qui déclare qu'autrefois « depuis la maison de son père, « jusqu'au lieu appelé le *Becquet*, ce n'était que des prés, mais qu'à « force des terres que l'on tire de la rivière, qui provenait des ava- « lages d'eaux et d'autres terres que l'on a tirées des entailles, « sur l'un desdits prés, on a fait des jardins... on a planté des « arbres, etc. » Malgré ces travaux d'exhaussement et de nivellement du sol, et ceux exécutés par M. Danzel, les sources avaient continué à se faire jour.

Ces sources sont désignées dans les documents tant anciens que nouveaux, et même dans les actes officiels, sous le nom de *Pulverins*, parce que l'eau en jaillissant remue le sable du fond et le soulève en petits tourbillons de *poussière*. La Sotine s'appelait aussi la *rivière des Pulverins*. Plusieurs de ces sources ont une importance telle, qu'on les désignait sous des noms particuliers, par exemple le *Pulverin de St.-Pierre*, qui se trouve à peu de distance en aval, du même côté que le pré Danzel.

On a dit que dans ce pré, il n'y avait point de *Pulverins*, mais seulement quelques sources imperceptibles. Le bail de 1770 donne un démenti à cette assertion. Il désigne une allée d'arbres plantés par M. Danzel comme allant de la rivière au *Pulverin*. Ce pré était à l'usage de blanchisserie. Le locataire est chargé « d'entretenir les « fossés et sangsues de ladite baie. Mais quant aux *Pulverins* et fossés « enclavés dans la plantation, le bailleur se les réserve. »

On a fait une autre objection, en prétendant que les fossés n'étaient pas des *ouvrages apparents* dans le sens de l'art. 642 ; que d'ailleurs le simple usage ne suffisait pas ; qu'il fallait que les travaux primitifs eussent été exécutés par le possesseur ou ses auteurs.

On a déjà assez restreint le sens de l'art. 642 ; il ne faut pas encore outrer ses conditions de détail.

D'abord rien, ni dans la lettre, ni dans l'esprit de la loi, ne fait supposer que le législateur ait voulu que l'on remontât à l'origine des travaux. S'il parle de leur exécution et de leur *achèvement*, c'est pour fixer le point de départ de la prescription. Ne serait-il pas impossible le plus souvent de préciser l'époque et les circonstances de l'établissement d'un système d'irrigation, de dessèchement, d'aqueduc? La possession vient y suppléer ; elle remplace le titre. La prescription n'a été inventée que pour cela! Il n'en est pas du droit comme de l'histoire, qui ne se contente pas des faits, mais en recherche curieusement les époques et les causes. Le sort de la possession serait bien précaire, elle ne remplacerait pas véritablement le titre, s'il fallait encore justifier de son origine. La possession est toujours présumée légale, si le contraire n'est prouvé.

Au surplus; nous verrons dans la seconde partie que le moulin, acheté par M. Vayson en 1853, existe dans les mêmes conditions que celui concédé en 1421 à Jean Journé, par les religieux du prieuré de St.-Pierre d'Abbeville, sur *leur* rivière, alimentée par les sources ou *Pulverins*, dont ils disposaient ; et que le concessionnaire et ses successeurs ont toujours paisiblement joui de cette concession.

Quant à l'autre partie de l'objection, elle enchérit encore sur les termes de l'art. 642. Pour qu'un ouvrage soit apparent, il n'est pas nécessaire que ce soit un ouvrage d'art; une charpente ou une maçonnerie; un fossé d'aqueduc à ciel ouvert est bien certainement un ouvrage apparent.

« Quand le propriétaire du fonds inférieur a tiré l'eau du fonds
« supérieur par un fossé, *per fossatum duxit;* ou quand il a curé
« les fossés dans ce fonds, au vu et su du propriétaire; *vel si emun-*
« *dasset fossata in fundo superiore, sciente et patiente domino,*
« ces faits et autres semblables constituent une véritable posses-
« sion, à titre de servitude. *Tum per istos actus videretur uti aqua*
« *jure servitutis.* Et après une longue possession, ils confère-
« raient un droit. *Quod si fuit in ista quasi possessione per longum*
« *tempus, etiam de jure non potest diverti.* » (Cæpolla, *De serv.*
præd. rust., ch. 4, n° 97.)

Ainsi, ajoute M. Proudhon (*Traité du Domaine public*, n° 1376).
« si le meunier voulant attirer les eaux à son moulin, avait *seule-*
« *ment* fait curer le ruisseau sur le fonds où se trouve la source, et
« que les travaux de curage suffisamment répétés pour caractériser

« une possession constante du ruisseau, eussent eu lieu publique-
« ment et paisiblement depuis plus de 30 ans, on devrait interdire
« au propriétaire du fonds supérieur la faculté de disposer autre-
« ment du cours d'eau, etc... »

On a cité un arrêt de la Cour de cassation du 15 avril 1845, comme établissant en principe que des fossés ne sauraient être considérés comme ouvrage apparent. La jurisprudence ne peut poser des règles du droit là où il n'y a que des questions de fait, c'est ce que disait dans son rapport sur cette affaire M. le conseiller Mesnard. « En « pareil cas, les *circonstances du fait* doivent être *prises en consi-* « *dération.* » Aussi la Cour de cassation se borne à rappeler la déclaration en fait, et, la rapprochant du texte de la loi, elle décide que « dans *les circonstances de la cause*, le jugement attaqué en « a fait une juste appréciation. » Dans d'autres circonstances, elle aurait, ou plutôt elle avait jugé différemment.

En effet, la même Cour, le 27 janvier de la même année, sur le rapport du même conseiller, a rejeté un pourvoi en ces termes : « attendu « que l'arrêt déclare en fait que depuis plus de 30 ans les époux « Durand sont en possession de conduire les eaux litigieuses à l'aide « d'une *rigole* ouverte sur un lavoir commun entre les parties; que « ledit arrêt en considérant *cette rigole* comme un ouvrage *extérieur* « *et apparent*, et en décidant par suite que les époux Durand avaient « acquis par la prescription le droit de prise d'eau, ne contrevient « aucunement aux dispositions des art. 641 et 642 du Code civil. » (Sirey, t. 49, part. 1, page 641.)

M. Delegorgue voudrait du moins retenir les eaux pluviales. Nous ne discuterons pas la question de droit, car ce n'est pas sérieusement qu'on présente une distinction qui n'est pas possible en fait. Comment ferait M. Delegorgue pour séparer de la masse d'eau qui s'écoule de la prairie les quelques gouttes que la pluie y ajoute quelquefois?

Enfin on allègue certaine déclaration obtenue, nous ne savons dans quelles circonstances, du sieur Hénocque, l'un des précédents propriétaires.

Nous aurions discuté les termes de cette déclaration et sa portée;

nous aurions, au besoin, mis en cause le sieur Hénocque ou ses héritiers, pour qu'ils eusent à s'expliquer, et, dans tous les cas, à garantir les acquéreurs de ses conséquences ; mais, sous toutes réserves néanmoins à cet égard, il nous suffit de faire observer que l'acte, s'il mérite d'être qualifié de ce nom, ne peut, faute de date certaine être opposé à un acquéreur (art. 1328, code Napoléon.) L'acquéreur n'est pas l'ayant-cause du vendeur (arrêt de la cour de cassation, 20 février 1827. Sirey, t. 27, part. 1, pag. 138). Enfin que la propriété était commune au sieur Hénocque et au sieur Gamain, et que l'un d'eux ne pouvait seul faire des actes compromettant les droits indivis.

Qu'importe après tout la déclaration tenue secrète jusqu'à ce jour et exhumée récemment, d'un homme plus ou moins dans la dépendance des propriétaires des prairies, agissant à l'insu de son co-propriétaire, démenti par tous ses prédécesseurs et successeurs et par ses propres actes, qu'importe, disons-nous cette déclaration dans un procès au pétitoire, où l'on revendique des droits fondés sur une série d'actes remontant au douzième siècle et sur une possession continue de 1421 à 1853 ?

DEUXIÈME PARTIE.

Des Titres.

M. Vayson dans sa sollicitude pour la conservation de l'usine qu'il venait d'acheter et de restaurer à grands frais, a dû ne négliger aucun moyen pour en défendre l'existence menacée ; il s'est livré à des recherches que bien des causes rendaient difficiles, mais qui cependant ont produit les plus heureuses découvertes. Il croit être en mesure aujourd'hui de prouver que le moulin de *Patience* a sa raison d'être dans le principe même de sa fondation, par les religieux de l'abbaye de Saint-Pierre, qui tiraient leur droit de disposer des eaux de leur double qualité de seigneurs de ces eaux et de propriétaires du fonds d'où elles s'écoulaient.

Sous l'empire du régime féodal, qui était dans sa pleine vigueur à l'époque de la création du moulin, les seigneurs avaient, sous le nom de *droit de cours d'eau*, non-seulement la police et la juridiction, mais encore la propriété des rivières non navigables, de leurs affluents, en un mot, de toutes les eaux qui n'étaient pas dans le domaine public. A eux seuls appartenait le droit d'en disposer, et de faire des concessions pour l'établissement des moulins. (Merlin, *Nouveau rep.* v° *Moulin*, § 7, art. 1.)

Ce droit n'était pas de la même nature que celui qui appartient aujourd'hui à l'autorité. Celle-ci n'est établie que dans l'intérêt public. Cette partie de ses attributions est fondée sur la nécessité de confier à un pouvoir régulateur le soin des choses qui ne sont pas susceptibles de propriété privée ou de jouissance exclusive. La puissance féodale avait principalement en vue l'intérêt des seigneurs. Elle était fondée sur la maxime, née de la conquête, *nulle terre sans seigneur*. Tous les biens que possédaient les particuliers, tous les droits et usages dont ils jouissaient, ils étaient *réputés les tenir* de la concession des seigneurs, comme autant de démembrements de leur domaine primitif. Les concessions de ceux-ci n'étaient pas des actes d'autorité administrative, mais de véritables contrats du droit civil, et presque toujours synaliagmatique de l'espèce : *Do ut des; do ut facias;* dans lesquels, pour prix de la chose ou de la faculté cédée, les concessionnaires versaient un capital, ou s'obligeaient à payer une redevance, ou contractaient l'engagement d'un service personnel. L'obligation *de faire jouir et de garantir* était une conséquence de l'essence de ces actes. Nous en verrons l'application dans un acte de la cause.

L'abolition du régime féodal n'a point porté atteinte aux concessions sur les eaux. Les *droits acquis* ont été maintenus. Cette règle de justice et d'ordre public, que l'Assemblée constituante a observée dans ses décrets, était surtout applicable à la conservation des moulins, dont la loi du 28 mars 1790 « mettait la propriété sous la « *sauvegarde de la loi*, en enjoignant aux municipalités de tenir « la main à ce qu'elle fût respectée : »

En l'an X, cette question fut soumise à la Cour de cassation dans une espèce bien remarquable.

Un sieur Presseler, ayant obtenu du seigneur haut justicier, à titre d'acensement, « le droit de cours d'eau nécessaire pour le « roulement de son huilerie, » s'appropria et dirigea vers son moulin les eaux d'une *fontaine*, dont jusqu'alors l'usage avait été commun à tous les habitants du lieu. En l'an VII, la commune lui contesta ce droit, qui fut consacré par le tribunal civil de la Meurthe, jugeant sur appel. Et le 23 ventôse an X, le pourvoi contre ce jugement fut rejeté par les motifs suivants : « Attendu *que la concession,* « *moyennant un prix convenu, et motivée par l'utilité publique du* « *canton,* est antérieure aux lois des 28 mars 1790, 28 août 1792 « et 14 ventôse an VII ; que ces lois, *en supprimant les effets de la* « *féodalité, n'ont jamais pu être applicables à la validité et à la* « *conservation d'un droit de propriété sur un cours d'eau, droit* « *qui appartenait alors au pouvoir qui l'a cédé*..... » (Merlin, *Quest. de droit*, v° *Cours d'eau*, §. 1.)

Un arrêt de la même cour du 19 juillet 1830, reproduit la même doctrine.

« Attendu en droit qu'en décidant que sous l'empire de la législa-
« tion féodale, la propriété des petites rivières non navigables ap-
« partenait aux seigneurs, l'arrêt attaqué n'a fait que se conformer
« à la jurisprudence....... qu'il est constant et reconnu en fait que les
« concessions sur le cours d'eau en question ont été faites à des
« époques très anciennes, irrévocablement, à titre onéreux, pour
« constructions d'usines... »

M. Vayson va plus loin, il soutient que l'abbaye avait non-seulement la seigneurie des eaux, mais encore la propriété des fonds d'où elles s'écoulent. Ce second moyen est surabondant, le premier suffirait.

Il a été désigné sous le nom de *destination du père de famille*. On ne connaissait le titre constitutif du moulin que par les énonciations d'un autre acte. Ce titre, chose assez singulière, s'est trouvé dans les mains de ses adversaires.

Ce n'est pas la destination du père de famille proprement dite que M. Vayson invoque, mais quelque chose de mieux encore, s'il est possible, c'est le titre même de la fondation. La concession du droit de construire un moulin sur un cours d'eau, emporte concession de l'usage de ce cours d'eau et de tous ses accessoires. (Cod. Nap. 696 et 1615. Proudhon, ibid. 1856 et suiv.) Or, c'est en vertu d'une pareille concession que le moulin de Patience a été construit en 1421.

Mais fût-il même question de la simple servitude connue sous le nom de destination du père de famille, tous les éléments propres à l'établir se rencontrent ici.

Quelque inutile que paraisse la discussion sur ce point, nous ne laisserons aucune objection sans réponse.

On allègue les art. 225 et 226 de la coutume de Paris, le premier, exigeant que la servitude soit *nommément et spécialement déclarée* ; le second, que la destination du père de famille, *soit ou ait été écrit, et non autrement*.

Les commentateurs de la coutume sont loin d'être d'accord sur le sens et l'application de ces deux articles, assez mal rédigés d'ailleurs.

Ainsi les plus raisonnables étaient d'avis que l'obligation de *spécifier* ne s'appliquait pas aux servitudes *apparentes ;* et cette distinction avait été admise par un arrêt du parlement de Paris, du 27 mars 1760. (Merlin, (Nouveau Répert. v° servitude, § 16, n° 3.)

A plus forte raison, n'aurait-on pu l'étendre aux servitudes *nécessaires*. Par exemple, si le propriétaire d'une maison vend un bâtiment au fond de la cour ; pour que l'acquéreur ait le droit de traverser cette cour, qui seule lui donne accès à la rue, faudra-t-il que le droit de passage soit *spécifié* dans le contrat de vente ?

On s'est trop préoccupé des règles de l'ancien droit sur le mode d'acquisition des servitudes. Il ne s'agit pas ici de prescription, mais des conditions requises pour le titre constitutif. Or, aucune loi n'a établi de formes sacramentelles à cet égard. C'est une simple question d'interprétation de contrat. Les conventions tacites n'ont pas moins de valeur que les conventions expresses. L'art. 1615 du C. Napoléon, suivant lequel « l'obligation de délivrer la chose comprend ses acces- « soires et tout ce qui a été *destiné à son usage perpétuel*. « L'article 696 conçu en ces termes « Quand on établit une servitude, on est « censé accorder tout *ce qui est nécessaire pour en user.* La servitude

« de puiser de l'eau à la fontaine d'autrui emporte nécessairement
« le droit de passage, » ne sont pas des inventions du législateur moderne ; et quoique ces dispositions ne soient pas écrites dans la coutume de Paris, elles y auraient également eu force de loi, et même une autorité moins sujette à controverse que ses art. 225 et 226, car elles avaient pour elles ce qui fait la force des lois, la raison et la nécessité.

Pour ce qui concerne ces mots de l'art. 225 : « quand elle est ou a été par écrit, » Pothier les réduit à leur juste portée ; et M. Vayson serait bien en état de satisfaire à leur exigence.

Mais M. Delegorgue n'a pas remarqué que l'art. 225 n'existait pas dans l'ancienne Coutume de Paris, que celui correspondant à l'art. 226 disait seulement : « *Destination du père de famille vaut titre.* » Ce qui est bien plus simple et plus logique, la réformation est de 1580. M. Delegorgue voudrait-il la faire rétroagir jusqu'à 1421, date de la fondation du moulin, contre la volonté des réformateurs eux-mêmes, qui ont écrit dans le procès-verbal que ces corrections étaient contraires au droit commun et pour *coutume nouvelle ?*

Il va bien plus loin encore en fait de rétroactivité ; car il prétend, sur la foi de *Jean Desmares*, donner force obligatoire aux coutumes, soixante ans avant leur rédaction. La coutume du Ponthieu, la plus ancienne de toutes, (elle est de 1495), ne dit pas un mot de la destination du père de famille. Celle de Paris, qui est de 1580, n'en parle que pour lui donner la valeur d'un titre, c'est en 1580 seulement qu'on y a fait cette réformation, si sévèrement blâmée par M. de Lamoignon. *Jean Desmares* en savait plus que M. de Lamoignon et les réformateurs de la coutume qui considéraient comme *coutume nouvelle et contraire au droit commun*, un usage généralement reçu et ayant force de loi depuis près de deux cents ans ; il ne faut pas oublier en effet que la fondation du moulin remonte à 1421.

Le droit commun qui régissait alors la France, dans les matières qui ne touchaient pas directement à la féodalité, était le droit romain.

Les Romains avaient apporté une attention toute particulière à régler l'usage des eaux. Plusieurs de leurs lois nous offrent des solutions précises sur les deux questions de la cause. En voici le résumé, d'après un auteur qui n'est pas suspect de partialité en faveur des servitudes; car il écrivait sous l'empire et dans l'esprit d'une coutume qui leur était peu favorable.

D'abord la possession immémoriale constituait un droit, *ductus aquæ cujus origo memoriam excessit jure constituti loco habetur.*

« Quand une fontaine a eu son cours libre sans avoir été inter-
« rompu depuis et avant un temps qui excède toute mémoire
« d'homme, cette longue possession fait présumer un droit et un
« titre, n'étant pas vraisemblable que durant un si long intervalle
« le propriétaire de cette fontaine n'ait eu sujet quelquefois de la
« retenir ou de la détourner, si les conventions faites avec le pos-
« sesseur de l'héritage inférieur ne lui avaient fait obstacle; mais en
« tout cas une longue coutume vaut de titre, personne n'étant rece-
« vable à vouloir changer ce qui est établi par une coutume immé-
« moriale, *vetustas vicem legis obtinet FF. ult. de aqua et aqu.*
« *Plu. arcend.* et la loi suivante en rend cette raison, *minuendaarum*
« *scilicet litium cœnsd.* Le cours des eaux est de droit public, que
« les particuliers ne peuvent changer, non-seulement pour les fleuves
« et pour les rivières, mais aussi pour les fontaines, *si manifestè*
« *docere possis jus aquæ ex vetere more atque observatione per*
« *certa loca profluentia utilitatem certis fundis irrigandi causa*
« *exhibere, procurator noster ne quis contra veterem formam atque*
« *solemnem morem innovetur providebit. L. 7. C. de Servit. et*
« *aqua.* La loi, *si quis diuturno usu et longâ possessione jus aquæ*
« *ducendæ nactus est, non est ei necesse dicere de jure.* » (Basuage, sur la *Coutume de Normandie*, tit. des *Servitudes*, préambule.)

L'auteur examine ensuite le caractère que doit avoir la possession.
« Il me semble qu'il faut s'arrêter à cette distinction, ou le proprié-
« taire du fonds inférieur s'oppose à l'innovation que le seigneur
« supérieur a faite *jure servitutis*, ou *jure cujusdam facultatis*, s'il
« prétend une servitude : M. Duval, de Reb. Dub. tract. 8, estime
« qu'il suffit pour prouver le titre de servitude d'avoir fait quelque
« acte qui ne se puisse faire, *citra jus servitutis*, comme d'avoir fait
« un conduit dans le fonds supérieur, de l'avoir curé et réparé, et

« c'est aussi le sentiment des interprètes du droit, mais cette posses-
« sion, telle longue qu'elle soit, ne sera pas suffisante; il faut suivant
« notre coutume justifier d'un titre; de sorte que s'il n'allègue d'autre
« droit que cette faculté qu'il a eue par le passé, il ne peut empêcher
« que celui qui est le maître de la source n'en dispose comme il
« lui plaira, suivant la loi Proculus et la loi *fluminum* que j'ai rap-
« portées ci-devant. »

Ainsi, si la simple possession quelque longue qu'elle soit, est sans effet dans les coutumes qui n'admettent pas la prescription en matière de servitudes. « C'est à cause de la difficulté de déterminer si l'on a
« possédé à titre de servitude ou de simple tolérance, *jare servitatis*
« *secut jare simplicis facultatis aut familiaritatis.* » D'où l'on doit conclure que si l'on trouve dans les titres mêmes des éléments propres à déterminer la nature de la possession, cette possession sera efficace, sinon comme moyen isolé d'acquisition de la servitude du moins comme application des titres.

Du reste, Basnage n'exige pas un titre formel ; une convention tacite et présumée lui paraît suffisante pour constituer la servitude, même sous l'empire de la coutume. « Si toutefois, dit-il, les deux héri-
« tages de haut et de bas avaient appartenu à une même personne, et
« que depuis il eût aliéné le fonds supérieur, cet acquéreur ne pour-
« rait pas le priver de l'usage de l'eau pour le fond qu'il aurait re-
« tenu, quoiqu'il ne se fût pas réservé ce droit, parce qu'il n'est pas
« *vraisemblable* qu'il soit vendu sans cette condition ; ce qui est
« conforme à la loi *binas œdes de servit. urb. Præd.;* et il faut
« *résoudre en ce cas la même chose que la coutume* le fait en l'art.
« 609 ; qu'en faisant partage entre co-héritiers, les vues et les
« égouts demeurent comme ils sont lors du partage : ce qu'il faut
« pareillement observer pour les eaux qu'un co-héritier ou un
« associé serait tenu de laisser au même état qu'elles étaient lors du
« partage. »

De même aujourd'hui les auteurs les plus sévères sur l'interprétation de l'art. 642 font exception en faveur de la destination du père de famille, et cette exception a été consacrée par la jurisprudence.

Il ne reste donc plus qu'à prouver que les religieux de Saint-Pierre qui ont fait la concession du moulin, avaient la seigneurie des eaux formant la rivière qui le fait mouvoir, et même la propriété des fonds d'où ces eaux découlent. Il n'est pas nécessaire que ces deux propositions soient établies cumulativement. La démonstration d'une seule suffirait au succès de la cause de M. Vayson.

Maintenant c'est aux actes à parler : pour les rendre plus intelligibles, nous joignons ici un plan qui sera comme la carte du pays dont on va lire l'histoire, histoire fondée sur des chartes authentiques et les documents les plus dignes de foi.

A l'occasion des débats d'un intérêt assez médiocre, M. Vayson s'est vu condamné à des recherches immenses, comme s'il s'agissait de constater l'origine et de retrouver les titres d'une antique et patente seigneurie. Il lui a fallu explorer les archives, fouiller les greffes, obtenir des compulsoires, déchiffrer de vieux manuscrits, exhumer les chartes du moyen-âge et de la féodalité. C'était une nécessité de sa cause à laquelle il s'est résigné. Les adversaires auraient pu lui rendre la tâche moins pénible ; mais *nul n'est tenu de produire contre soi*. Quoiqu'il en soit, il ose espérer que ses laborieuses investigations n'auront pas été sans succès.

Le moulin de Patience a été établi en vertu d'une concession faite le 7 février 1421 « *pour le bien public et commun de la ville d'Ab-* « *beville* » par le révérend Père en Dieu, cardinal de Pise, prieur de l'abbaye de Saint-Pierre d'Abbeville, au sire Jean Journé, bourgeois d'Abbeville « de lieu et place convenable en la rivière desdits « religieux, nommé le pont de Thouvion, en la forteresse de ladite « ville, en laquelle place ledit Jean Journé sera tenu d'édifier un « moulin à œulle (huile). » Cette pièce, intitulée « lettre du moulin « fait à nouvel sur la rivière de Thouvion, que fit faire Jean Journé « bourgeois » appartient à M. Vayson, et cependant il en ignorait l'existence jusqu'à la production qu'en ont faite ses adversaires. Cette concession est faite à la charge d'une rente perpétuelle de six livres parisis, somme considérable à cette époque. L'acte se borne à régler quelques-uns des rapports entre les religieux et le concessionnaire pour la tenue de la rivière et le gouvernement des eaux. Le surplus reste dans les termes du droit commun. Mais les religieux ont bien soin, comme ils l'ont fait dans tous leurs actes, de réserver leur seigneurie. « Il n'est mie à oublier que lesdits religieux ont retenu « et *retiennent* toute la seigneurie et justice qu'il ont en leur dite « rivière. »

On prétend que cette concession est purement relative à la chute; qu'elle ne s'étend pas au-delà de la rivière et de ses bords ; que la maison a été construite sur un « *tènement dépendant d'un autre « seigneur.* »

M. Vayson n'a pas d'intérêt à discuter cette hypothèse. Ce dont il se plaint, ce n'est pas d'être troublé dans la possession des bâtiments et du terrain de son usine, mais d'être privé de la *force motrice*; et même, si cette force motrice est seule l'objet de la concession, le concessionnaire n'en a que plus de droit à la maintenir dans toute son étendue ; c'est un droit inhérent à son acquisition ; une action *ex empte*, plutôt qu'une action confessoire de servitude. La chose vendue doit être conservée, comme elle a dû être délivrée dans *l'état où elle se trouvait lors de la vente*. L'art. 1614 Code Napoléon ne fait que reproduire à ce sujet un principe essentiel du contrat de vente.

C'est aussi une règle de ce contrat que « le vendeur doit trans- « férer à l'acheteur tous les droits qu'il a dans la chose et par rapport « à cette chose. (Pothier, *De la Vente*, part. 2, chap. 1, n° 48.)

Voyons donc quel était en 1421 l'état de la chose, et les droits que les vendeurs avaient sur cette chose et par rapport à cette chose.

En 1075, Philippe Ier avait fondé le prieuré de Saint-Pierre, de l'ordre de Cluny, dans la banlieue d'Abbeville, et lui avait donné en un lieu dit le Vieux-Château, de quoi bâtir un monastère.

25 ans après, en l'an 1100, Gui comte de Ponthieu dota richement le prieuré. La charte de cette fondation est rapportée dans l'ouvrage intitulé *Gallia Christiana ;* elle se trouve d'ailleurs analysée et traduite, dans la partie qui intéresse le procès, par un arrêt du grand conseil de 1665, dont nous parlerons bientôt.

Le comte de Ponthieu, vassal immédiat de la couronne, était l'un des plus puissants seigneurs de France, et son comté l'un des plus riches. Le prieuré de St.-Pierre eut pour fondateur le célèbre Gui, qui recueillit et ravitailla dans son port de St.-Valery la flotte de Guillaume-le-Conquérant, et combattit avec lui à la bataille d'Hastings. « Sur la fin de ses jours, dit un historien, il se montra géné-
« reux envers les moines, que dans les premières années de sa puis-
« sance il avait été loin de protéger, ce qu'il avoue lui-même dans
« une note ainsi conçue : ... » C'est véritablement un acte de confession.

La charte de 1100 exprime les mêmes sentiments dans son préambule, et déploie dans sa disposition une munificence incroyable.

« Il voit que sa haute noblesse ne l'empêchera pas de mourir et
« d'être jugé par celui à qui rien n'est caché. Alors il songe à préve-
« nir par quelque satisfaction le terrible examen du juge, dans la
« crainte qu'il ne le surprenne et qu'il ne le trouve semblable à un
« figuier stérile, qu'il ne le juge sévèrement comme tel, qu'il ne le
« condamne et le livre au feu... *ac ipse me preveniens velut ficum*
« *sterilem inveniret, inveniens judicaret, judicatum damnaret,*
« *damnatum igni traderet.* »

La fondation d'un couvent dont les religieux prieront jour et nuit pour le salut de son âme et de celle de sa chère épouse, Ada, lui paraît l'œuvre la plus convenable.

Mais il faut assurer à ces religieux des moyens de subsistance. *Ut patres in monasterio manentes Deo diligentiùs, necessaria humanæ vitæ habentes, serviant.*

On ne saurait se faire une idée de tous les biens qui composèrent cette dotation. Chaque partie du Ponthieu y fournit son contingent. De ce qui était situé dans les environs d'Abbeville seulement, se forma une riche et vaste seigneurie, sous le nom de *vicomté de St.-Pierre*, occupant toute la vallée dite de la Bouvaque, pénétrant jusque dans la ville, et traitant de puissance avec les maieur et échevins.

Ses droits seigneuriaux, et, entre autres, ceux de pêche ATTACHÉS *à la seigneurie des eaux*, occupent une place considérable dans la charte de 1100. Nous ne parlerons pas du four banal, avec le droit de couper dans la forêt voisine la *charge* de *deux ânes* pour le chauffer; des deniers à prélever sur le revenu de la monnaie, *de redditu monetæ*, pour le luminaire de l'église ; des mesures de vin, des muids de sel assignés sur l'impôt de ces denrées, *de redditu vini...*; des paires de chaussures *à livrer*, *de redditu calceamentiones*. Nous ne nous occuperons que des droits sur les eaux, qui intéressent spécialement le procès. Nous laisserons même de côté les *deux mille deux cents anguilles par an*, provenant de la pêche dans la Somme aux abords d'Abbeville, et toutes les parts de poisson en divers lieux, ces prestations ne constituant pas des droits fonciers.

Ce qu'il est essentiel de noter c'est surtout le passage suivant :
« *Et molendinum de Baboth totum in eâdem villâ (dedi)*, le moulin
« de Baboth; (il est indiqué au plan sous le nom de moulin Baboé).
« *Omnia vero prata mea quæ sunt juxta abbatis villam suprà Scar-*
« *don in utraque parte*. Tous mes prés qui sont proche d'Abbeville
« sur le Scardon des deux côtés. *Et omnem piscariam de Scardon, à*
« *molendinis de pratis ad sommum fluvium*. Et toute la pêche du
« Scardon depuis le moulin des prés jusqu'à la Somme. » Le moulin des prés est au-dessus du moulin de la Bouvaque. Ce dernier est placé au Becquet, où la rivière se divise en deux bras, dont l'un conserve le nom de Scardon et l'autre prend celui de Nouvion.

La charte continue : « *Et molendinum de Nouvione totum situm super eumdem fluvium Scardon*. Et le moulin de Nouvion situé sur la même rivière du Scardon. » (Mais sur l'autre bras) le moulin de Nouvion était autrefois plus bas que celui marqué au plan sous le nom de jardinet, qui le remplace et a été porté en cet endroit lors de l'élargissement de l'enceinte de la ville.

Entre les deux bras du Scardon coule la rivière sur laquelle est construit le moulin de M. Vayson, et qui est désignée sous le nom de *Thouvyon*, de *Fausse Rivière*, de *Rivière des Religieux*, ou des *Pulverins*, ou de *Source*, de *Patience*, de *Sotine*, etc.

Il n'est pas fait mention de cette rivière dans la charte de 1100.

Peut-être n'était-ce à cette époque qu'un simple ruisseau destiné à l'écoulement des eaux dans la vallée. D'où son nom de rivière *des Sources ou des Pulverins*. Son nom de *rivière des Religieux* ferait croire qu'ils l'ont agrandie, s'ils ne l'ont pas creusée. Celui de *fausse rivière* indique qu'elle servait en quelque sorte de déversoir au Scardon et au Nouvion. D'anciens plans font voir des coupures dans les berges de ces rivières, dont le niveau est plus élevé. Des canaux transversaux, également indiqués sur ces plans, conduisaient dans la Sotine toutes les eaux des prairies de droite et de gauche.

Quoi qu'il en soit, en 1421, elle avait acquis assez d'importance, pour qu'on songeât à l'utiliser comme force motrice. Cette force était alors suffisante pour faire mouvoir deux moulins. Aujourd'hui elle ne suffirait plus à un seul, si on retirait à la Sotine ses affluents.

Ce que le texte de la charte de 1100 peut avoir d'incomplet et d'obscur va s'éclaircir par les actes subséquents.

Ce n'est pas seulement par le plan de la vicomté de St.-Pierre, que son étendue est déterminée, mais encore par le paiement des droits seigneuriaux indice certain de l'origine des propriétés.

Outre les aliénations partielles de fonds par des baux à cens, le prieuré de St.-Pierre a plusieurs fois traité de ses droits seigneuriaux; des débats judiciaires ont eu lieu sur leur nature et sur leur étendue, une sentence et un arrêt les ont précisés et fixés.

Ainsi en 1665 un procès s'éleva entre le prieuré d'une part, de l'autre Robert Malœuvre et Charles Gaffé, intervenant, le prévôt du prieuré demandait « qu'il fût interdit audit Malœuvre de plus pê-
« cher, sans la permission dudit prévost, dans la rivière de Nouvion-
« Thouvion, qui passe sous le pont à *Bourrel*, de la Bouvaque, de
« Baboé et *autres eaux* qui sont proche de ladite ville d'Abbeville,
« comme lesdites *eaux et rivières appartenant auxdits seigneurs...*»

La cause fut portée au grand conseil, qui, après une longue instruction, et sur *compulsoire*, où l'on passe en revue, et où l'on analyse tous les titres du prieuré, à partir de la charte de 1100, prononça, le 31 mars 1665, son arrêt par lequel « il fait défense et
« inhibition audit Gaffé et à Malœuvre de plus pêcher, ni faire

« pêcher, sans la permission du prévost du prieuré, dans la rivière
« de Nouvion-Thouvion, de la Bouvaque, de Baboé *et autres eaux*
« qui sont proches de ladite ville, *entre les portes du bois et Mar-*
« *cadé, appartenant* auxdits religieux. »

Il était impossible de décrire plus exactement les lieux et de mieux définir l'objet du litige. L'arrêt traduit la charte de 1100. Il place les moulins des prés, où ils étaient réellement, « plus loin de la ville
« que les moulins de Bouvaque. » Il énonce que la charte a donné au prieuré « *tous les prés sur la rivière du Scardon des deux*
« *côtés,* c'est-à-dire des deux bras de ladite rivière. » Le sommet et les deux côtés du triangle ainsi donnés, il en fixe la base entre les portes du Bois et Marcadé ; et il adjuge aux religieux toutes les rivières *et les eaux* qui y sont *comprises.*

M. Delegorgue s'attache à ces mots : « et autres eaux, qui sont
« *proche de la ville,* » et en conclut qu'il ne s'agit que des eaux se trouvant dans la *partie la plus rapprochée de la ville,* au-*dessous* de sa propriété.

Etrange abus de mots! Le moulin de la Bouvaque est *au-delà du pré de M. Delegorgue,* et cependant il est *proche* de la ville, dans le langage de la charte de 1100, comme dans celui *de l'arrêt de* 1665.

A la date du 21 décembre 1735 on trouve un autre acte, qui n'est pas moins significatif que le précèdent :

Des sieurs Michel et Jean-François Gaffé, propriétaires du moulin Baboth, tenu à cens des religieux, comme le nôtre, se plaignaient que les religieux, par des concessions, diminuassent le volume des eaux de la rivière, qui faisait tourner leur moulin. Les religieux crurent prudent de transiger.

Le préambule de la transaction expose que « les parties sont sur
« le point d'entrer en procès et en plusieurs contestations, concer-
« nant les eaux des rivières de la Bouvaque, tant de celle qui coule
« derrière la maison des Chartreux (le Nouvion), que de celle qui
« fait tourner le moulin de Baboé, et *autres rivières, ruisseaux et*
« *Pulverins,* situés au lieu nommé la Bouvaque et aux environs, sur
« la prétention desdits sieurs Gaffé que... »

Pour éviter le procès, les religieux « cèdent auxdits sieurs Gaffé,
« tous les droits de seigneurie, justice et fief à eux appartenant, à
« cause de ladite prévoté, sur toutes *les eaux, rivières et Pulverins*
« situés au lieu nommé la Bouvaque, banlieue de cette ville, aux
« prairies des Chartreux et aux environs, ensemble les rives desdites
« rivières et eaux, d'autant qu'il en peut appartenir auxdits reli-
« gieux... »

Ici l'équivoque n'est plus permise : les ruisseaux et les eaux sont désignés par leur nom propre de *Pulverins*. Ce sont toutes les eaux, rivières et pulverins du lieu nommé la *Bouvaque*.

Cependant les adversaires ont encore trouvé dans la transaction Gaffé *un mot* qui les sauve, à les en croire, ce ne sont pas des droits certains, mais de simples prétentions que cèdent les religieux « autant « qu'il leur en peut appartenir. » Du moins, disent-ils, il pouvait se trouver des eaux, ruisseaux et pulverins sur lesquels le prieuré de St.-Pierre n'avait pas de droit ; et chacun d'eux, M. Delegorgue en particulier d'ajouter « ces eaux franches, sont les nôtres ; prouvez le contraire. »

Mais où a-t-on vu que l'étendue des droits du prieuré sur les eaux fut contestée ? Les sieurs Gaffé contestaient seulement l'usage qu'ils en faisaient à leurs dépens. D'autre part à quoi se rapportaient les mots relevés par M. Delegorgue ? ce n'était pas à la phrase toute entière, mais à la seconde partie seulement : « ensemble les *rives* des-
« dites rivières et eaux, *d'autant qu'il* en peut appartenir audit
« prieuré. » Il ne s'agit que des rives sur lesquelles les baux à cens ne détruisaient pas leurs droits, mais les modifiaient. La ville aussi y prétendait des droits en vertu d'une cession antérieure que leur avaient faite des religieux.

Une sentence arbitrale du 1ᵉʳ août 1751, rendue sur un débat entre les deux cessionnaires, la ville, d'une part et le sieur Gaffé, de l'autre, va éclaircir ce point et jeter sur la cause un dernier trait de lumière.

Les arbitres, qui sont l'un, le premier avocat du roi en la séné-chaussée de Ponthieu, l'autre, *son* procureur au siége présidial

d'Abbeville prononcèrent en ces termes : « Maintenons et gardons
« les maïeurs et échevins, comme ayant la haute justice dans toute
« cette ville et banlieue, *audit nom de cessionnaire desdits sieurs*
« *prieurs et religieux...* dans le droit de juridiction vicomtière, en
« toute l'étendue *de la vicomté de St.-Pierre*, et spécialement au lieu
« *et sur les rivières* de la *Bouvaque, Touvion et Nouvion, canaux*
« en dérivant, du Scardon, *rives* et catiches, en conformité de
« l'acte de cession, par forme de transaction, du mois d'août 1327 ;
« pourquoi tous les profits et émoluments de cette *juridiction.....*
« resteront à ladite ville, sauf les amendes qui appartiendront aux-
« dits sieurs Delicque et Gaffé sur lesdites rivières, canaux en déri-
« vant, bords, rives et catiches d'icelle.....

« ...... Disons que lesdits sieurs seront tenus de s'adresser aux
« maïeur et échevins à l'effet de faire décider toutes les contesta-
« tions qui pourront survenir entre eux et les particuliers, concernant
« la propriété aux droits à eux affermés sur lesdites rivières,
« *branches, canaux et Pulverins en dépendant*, aux *douves et*
« *catiches d'icelles*, sur leur droit de *pêche*, moulins assis sur
« lesdites rivières..... soit par rapport aux *rigoles*, sansues, ou
« autrement..... Avons gardé lesdits sieurs Delicque et Gaffé, en la
« *nue propriété desdites rivières, canaux et Pulverins, rives et*
« *catiches.....* avec tous droits de pêche, sansues et autres ap-
« partenant suivant ladite coutume au simple fief et seigneurie.....

« Maintenons lesdits maïeur et échevins dans le *droit de planter*
« dans l'intérieur de cette ville, sur les bords desdites rivières et
« canaux.., et avant de régler les parties sur ce droit, respective-
« ment requis, de planter hors l'enceinte des murs et spécialement
« au lieu dit de la Bouvaque... Ordonnons que les parties instruiront
« plus amplement... »

En tout cas, ces plantations ne sont autorisées « que sans au-
« cunement nuire auxdits sieurs Delique et Gaffé, à leurs droits de
« pêche, curement et autres profits et usages qu'ils peuvent tirer des
« eaux desdites rivières et canaux comme seigneurs et propriétaires
« simples... »

Ce qu'il y a de remarquable dans cette sentence, qui est l'œuvre de deux magistrats versés dans l'étude du droit et dans la pratique de la coutume locale, c'est l'analyse et en quelque sorte la décomposition des droits du prieuré sur les eaux, et l'attribution à chacun des cessionnaires de la part qui leur revient ; aux maïeur et échevins, la prééminence honorifique, la juridiction ; aux sieurs Delicque et Gaffé, les profit de la chose, le domaine utile (1).

Pour accomplir notre tâche, nous n'avons plus qu'à prouver que la prairie de M. Delegorgue et les eaux qu'elle produit, faisait partie de celle dont le prieuré de St.-Pierre avait la seigneurie et même la propriété.

Elle était dans la circonscription de la vicomté de St.-Pierre. La présomption légale est donc qu'elle relevait de cette seigneurie.

« Le seigneur qui montre avoir baillé un territoire limité ; et que
« la terre dont les droits sont demandés est close dans les limites
« de son territoire, n'est obligé de faire aucune preuve de ses
« droits seigneuriaux. En ce cas, le tenancier est tenu de payer les
« droits seigneuriaux....., à moins qu'il ne fasse apparoir de l'affran-
« chissement de sa terre. (Desprissaux, *Traité des droits seigneuriaux*, tit. 2, n° 2.

A cette présomption légale viennent se joindre une foule de présomptions graves, précises et concordantes, qui ne laissent aucun doute. Ces présomptions sont d'autant plus admissibles que les preuves directes et positives sont entre les mains des adversaires.

Nous citerons en premier lieu la charte même de la fondation du prieuré... « *omnia prata mea super Scardon ex utrâque parte.* » Reportons-nous à cette époque, où la féodalité régnait dans toute la France. Les seigneurs qui s'étaient emparés par la *conquête* du sol de la France, en avaient encore la majeure partie dans les mains. Par l'énumération des biens que donnait le comte de Ponthieu, on peut juger de l'immensité de sa possession. Les prés de Bouvaque,

---

(1) Il est vrai que sur l'appel interjeté *par les sieurs Gaffé et Delicque*, les parties ont renoncé à cette sentence pour s'en tenir aux anciens accords. Mais les griefs des appelants ne concernent que la juridiction et le droit de planter.

qui n'étaient alors qu'en marécage durent même toujours être considéré, comme étant de leur nature la propriété des seigneurs (Merlin, *nouv. rep.*, v° *Marais.*)

On allègue que dans la même charte Ricard d'Airaisnes, l'un des *hommes* du comte, fait aussi don au prieuré de *prés qu'il avait dans le Baboth, sur le Scardon, proche d'Abbeville* « *vamia pratæ,* « *quæ habibat in Baboth suprà Scardon fluvium.* »

Outre que la rédaction n'est illimitée comme celle du comte, la même donation est circonscrite dans le Baboth où était le moulin de ce nom, et c'est vraisemblablement pour compléter son œuvre, afin que les religieux eussent tous les prés sur le Scardon, que Gui exigea de Ricard la restitution, sous forme de donation, de cette portion qu'il en avait distraite.

Quoiqu'il en soit de cette conjecture, pour apprécier le sens et l'étendue de la donation, il faut bien avoir un peu égard à la traduction qu'en donne l'arrêt de 1665, sur un *compulsoire* d'après l'original ou une expédition authentique. Cet arrêt vaudrait bien du moins d'*acte de notoriété* d'un fait, qui n'avait pas été certifié jusqu'à présent, c'est-à-dire, que toutes les prairies de la Bouvaque provenaient *originairement* du prieuré de St.-Pierre.

Les preuves ne nous auraient pas manqué si les archives de ce couvent existaient encore. Mais tous les titres du prieuré ont été détruits ou dispersés, brûlés même ; si les lois révolutionnaires ont été observées ; les documents, à l'aide desquels on pourrait y suppléer, sont dans des mains ayant un intérêt contraire. Cependant, M. Vayson, dans sa persévérance infatigable, a fait tout récemment encore des découvertes précieuses.

L'arrêt de compulsoire qu'il a obtenu de sa cour lui a donné connaissance de baux faits par les religieux de leurs droits seigneuriaux et censives à la Bouvaque.

Par acte du 16 février 1781, devant Devismes, notaire à Abbeville, ils louent à un sieur Bonnard des dîmes situées hors la *porte du Bois, dans le bas*, « qui se recueillent et perçoivent tant sur les « terres que dans *les enclos et prés.* »

Le 24 novembre 1787, autre bail par-devant le même notaire, à un sieur Pillon, de biens et revenus moyennant 12,000 livres. Au bail est annexé un acte sous seing privé, avec bordereau et état des revenus du prieuré, en date du 5 janvier 1787, « duquel il appert
« qu'entr'autres revenus indiqués audit bordereau comme apparte-
« nant au prieuré se trouvent :

« Au faubourg du Bois d'Abbeville. 300
« Les censives, les droits seigneuriaux et féodaux. . 300
« Au pré au faubourg du Bois 48

Ce ne sont là que des énonciations, mais elles ont une grande valeur, si l'on considère la modicité du cens, qui n'était que de 5 ou 6 sols par journal. Quant au pré loué 48 fr., que possédait encore en cet endroit le prieuré à l'époque de la révolution, on a vainement recherché aux archives l'acte de la vente qui en aurait dû être faite au district.

On voit encore figurer une masure de 7 quartiers, y compris un pré, page 20 de la mense conventuelle, dont un extrait certifié est produit. Les religieux la possédaient encore en 1789, lors de la confiscation.

Ce même registre, page 13, « évalue les cens et surcens à Abbe-
« ville et la banlieue et dans différents endroits hors de la ville,
« à 1,200 livres. »

On sait que le *cens* était une redevance modique imposée par les seigneurs par les actes d'aliénation du fonds en reconnaissance de leur seigneurie, *modicum annuum canon, quod præstatur in recognitionem dominici directi*. La coutume locale d'Abbeville avait une disposition toute particulière ; elle permettait au censitaire de bailler *à surcens* sans le consentement du seigneur. Ce surcens comprenait le cens primitif, dont il demeurait tenu envers le seigneur. Mais il arrivait souvent que le cens et le surcens étaient confondus. Un bail à surcens prenait les apparences d'un acte de seigneurie, l'ancien, le véritable seigneur disparaissait ; le censitaire se mettait à sa place. Nous avons dans la cause l'exemple d'une fraude semblable, commise précisément dans l'aliénation d'un pré voisin de celui de M. Delegorgue.

Le prieuré de St.-Pierre avait donné à cens un grand nombre de prairies à des établissements religieux, entre autres, aux Chartreux, leurs voisins. M. Vayson s'est procuré des extraits de la comptabilité de ces divers établissements et d'autres documents qui le prouvent.

Si de cet aperçu général nous passons aux détails et à des applications sur le terrain, nous allons reconnaître partout la présence des religieux de St.-Pierre, non pas seulement comme seigneur, mais aussi comme propriétaire.

Sur la rive droite de la Sotine, nous la voyons en 1483 bailler à cens au sieur Thorel le moulin de Nouvion avec des prés y attenant, et 24 journaux de prairie en une seule pièce, nous ne sommes pas d'accord avec M. Delegorgue sur la position de ces 24 journaux. Il les place sur la rive doite du Nouvion, au-dessous du moulin de la Bouvaque : nous n'avons pas à discuter ce point dans le procès actuel. Nous pouvons même ici admettre cette hypothèse. De ce que les religieux étaient propriétaires de prairies sur la rive droite du Nouvion, devrait-on conclure qu'ils n'en avaient pas sur la rive gauche, et surtout qu'il n'en avaient pas sur la rive *droite du Scardon ? à plus forte raison* au contraire, lorsque nous voyons leur domaine s'étendre si loin, devons-nous les retrouver encore là où les plans de charte de 1100, *super fluvium Scardon ex utrâque parte*.

Le moulin de la Bouvaque et les prés en dépendant provient aussi du prieuré de St.-Pierre.

Un extrait de l'inventaire des titres du prieuré fait mention d'un bail fait en 1482 aux maïeur et échevins d'Abbeville d'un pré sis entre les rivières Patreux et de Sotine.

Enfin, la grande prairie des Chartreux était tenue *en roture*; et les seigneurs ne pouvaient être autres que ceux désignés par l'arrêt de 1665 et la sentence de 1751.

Mais c'est sur la rive gauche de la Sotine, où est situé le pré de M. Delegorgue, que les recherches ont dû être dirigées principalement.

M. Vayson croit être en mesure aujourd'hui de prouver, soit par des actes, soit par des documents certains, l'origine de presque toutes les propriétés situées entre la Sotine et le Scardon : elles sont marquées au plan par la teinte verte. La légende indique les sources où l'on a puisé ces renseignements.

Attachons-nous surtout aux prés voisins de celui de M. Delegorgue. Les n°s 338 et 339, sous le nom de M. Thomas de Senarmont, possédés aujourd'hui par M. de Panévinon, sont portés au registre des recettes de la fabrique de l'église de St.-Sépulcre pour l'année 1770.

La situation de cette propriété est déterminée par la possession actuelle, et au moyen des mutations successives on remonte au possesseur dénommé au registre du Sépulcre.

Ce registre donne au Scardon le nom de rivière de Rambure, mais il n'y a pas à s'y méprendre; car il ajoute, « qui fait tourner « le moulin *Gaffé*. »

Le Sépulcre était une dépendance du prieuré de St.-Pierre. Cette église s'appelait aussi le petit couvent. Le fait est établi par plusieurs documents, et, entre autre par un extrait de la manse prieurale de St.-Pierre, où pag. 6, n° 32, où on lit : « un pré qui a appartenu au « petit couvent, et qui en 1771 était loué 36 livres. »

Les n°s 347 et 348 font l'objet 1° d'un contrat reçu par Gaillard, notaire à Abbeville, contenant vente par Louis Pappin à Jean Pappin, « de 5 quartiers environ en une pièce au   du fossé, séant sous « la porte de bois de cette ville, tenant d'un côté à Jehan Beauvarlet « sieur d'Ailly, (l'un des précédents propriétaires du pré de M. Dele- « gorgue), d'autre côté à   d'un bout audit Beauvarlet « et d'autre bout *à la rivière de St.-Pierre, tenus des prieure,* « *religieux et couvent de St.-Pierre* par 14 sols de cens.

Le 16 mars suivant Jean Pappin obtient la saisine du prieuré de St.-Pierre.

2° D'un contrat de vente à surcens par les chartreux du 22 octobre 1618 à Charles Leserguet d'un pré contenant 3 quartiers et demi au moins... séant hors la porte du Bois, banlieue de cette ville, tenant d'un côté et d'un bout à *Jean Beauvarlet*, d'autre *à la fausse rivière*... tenu du prieuré de St.-Pierre pour 6 sols.

Le 16 décembre suivant, la saisine est donnée par le prieur de St.-Pierre.

Nous avons poussé nos travaux jusqu'au bord du fossé de clôture de M. Delegorgue. La place est investie de toutes parts.

Ainsi enveloppé dans la seigneurie du prieuré, M. Delegorgue prétend que sa propriété n'en a jamais dépendu ; que c'était une terre franche, au milieu de la vicomté de St.-Pierre. Quelle fatalité pour M. Vayson !

Mais les terres franches, ou aleux, n'étaient qu'une exception en France, surtout au douzième siècle. Et il faudrait que cette exception fût prouvée bien pertinemment.

Le pré de M. Delegorgue proviendrait-il d'une autre seigneurie que de celle du comté de Ponthieu, le suzerain de tous les seigneurs du pays ? nous disons du comté de Ponthieu, car la vicomté de St.-Pierre avait succédé à tous les droits du comte de Ponthieu. Quel baron, quel duc, quel comte ou vicomte avait dressé le poteau de ses armoiries sur un point imperceptible au milieu des domaines du comte de Ponthieu, sur le bord de ce Scardon, dont la charte de 1100 dispose depuis le moulin des prés jusqu'à la Somme ?

Nous avons demandé à M. Delegorgue la communication de ses titres. Il a produit un acte du 26 juin 1764, portant vente à réméré par dame Ursule Beauvarlet de Moismont, épouse de M. de Tournon, à M. Nicolas Danzel, de 10 journaux de pré, situés à la Bouvaque, banlieue de cette ville, sans autre désignation, appartenant à ladite dame de Tournon, de son chef, l'acte constate que les vendeurs ont présentement remis au sieur Danzel, qui le reconnaît, les *titres concernant la propriété desdits immeubles en deux liasses, la première de trente-neuf pièces, la seconde de trois pièces, lesquelles ont été cotées et paraphées par premier et dernier par le notaire.*

Nous avons vainement demandé la communication de ces pièces. On n'a pas répondu qu'on ne les eût pas, mais qu'on n'était pas tenu de les produire.

A la bonne heure ! Mais s'il est permis à la partie de se retrancher derrière l'adage : *nemo tenetur œdes contrà se*, elle ne peut se soustraire aux conséquences que la justice tire de ce refus.

M. Delegorgue ne produit avec son titre d'acquisition que des papiers insignifiants, des notes tenues par M. Danzel, qui prouve avec quel soin celui-ci et ses successeurs ont conservé tous les documents relatifs à la prairie. Les titres de propriété ont du l'être encore plus soigneusement.

Il a ajouté à cette communication des actes de saisines données par la fabrique de St.-André pour quatre journaux, par la fabrique de St.-Jacques, pour un journal, et par le collége d'Abbeville, à cause de la seigneurie du Val aux Lépreux. Il se fonde sur cette production pour soutenir que sa propriété ne provient pas du prieuré de St.-Pierre.

Nous ne trouvons de saisine que pour 9 journaux, et M. Danzel en a acheté 10.

Ne prenons pas le change sur ces actes. Les fabriques St.-André et St.-Jacques n'avaient pas de seigneuries proprement dites, surtout de seigneuries primitives. Les fiefs et les gros bénéfices n'étaient donnés qu'aux abbayes et aux prieurés. Le clergé séculier n'a acquis ses biens que successivement et par des fondations particulières. Les curés qui avaient toutes la charge du ministère étaient réduits à la portion congrue.

Le riche prieuré de St.-Pierre avait fait quelque petite part de son bien aux établissements religieux d'Abbeville, l'église de St.-Sépulcre était son *petit couvent*; la fameuse église de St.-Wulfran elle-même était en partie une concession du prieuré. On lit dans l'extrait de l'inventaire des titres de ce prieuré: « 1152 — charte transcrite sur le livre
« noir, par laquelle les chanoines de St.-Wulfran, parce que les ré-
« vérends de St.-Pierre leur avaient concédé l'église de St.-Wulfran
« ou le terrain, leur donnent deux prébendes, en présence de Jean,
« comte de Ponthieu, et de Ada, sa mère. »

De même le Val aux Lépreux était un établissement charitable, censitaire du prieuré, ainsi que le prouvent les registres de ces établissements.

Ainsi il n'y avait pas là trois ou quatre petits fiefs imperceptibles de 1 à 4 journaux d'étendue; trois ou quatre seigneurs, marguilliers de fabriques ou administrateurs d'hospices; mais démembrement par fondations ou baux à cens de la vicomté de St.-Pierre, et comme leurs censitaires pouvaient bailler à surcens, le paiement de ces surcens, qui comprenaient les cens primitifs et n'étaient pas une *marque de seigneurie.*

Les *saisines* qu'ils donnaient ne l'étaient pas d'avantage : voici ce que nous lisons à ce sujet dans le commentaire de la coutume locale d'Abbeville, sur l'art. 5. Il y a très peu de fiefs dans la ville et banlieue et par conséquent très peu de véritables censives.

« La plupart des cens dûs par les maisons et autres héritages,
« ne sont communément que des *surcens* qui appartenaient aux
« chapitres, fabriques, communautés religieuses et autres gens
« d'église, auxquels il y en a beaucoup qui ont été laissés par fon-
« dations.

« Ceux à qui appartiennent les surcens ne laissent pas d'être re-
« gardés comme seigneurs, faute d'autres..... Aussi sont-ils en droit
« et possession de donner *la saisine par eux-mêmes* ou leurs rece-
« veurs..... »

Mais ils ne pouvaient prétendre au cas de vente des droits seigneuriaux ou de quint denier..... mais seulement..... ce qui fait en tout 5 *sols* 4 *deniers.*

Qu'on lise les saisines de M. Delegorgue. Elles sont dressées exactement selon cette formule, au droit de 5 *sols* 4 *deniers.*

Enfin, et c'est heureusement la dernière objection à laquelle nous ayons à répondre, on prétend que M. Vayson est tenu de prouver l'époque précise où les diverses portions composant le pré de M. Delegorgue ont été aliénées ; que si c'était avant 1421, il ne pourrait invoquer le moyen qualifié des destinations de père de famille.

M. Delegorgue, qui a les titres anciens, pourrait répondre à cette question plus aisément que M. Vayson; mais on croit cette recherche tout à fait inutile. Ce serait à son adversaire à prouver une supposition, invraisemblable d'ailleurs. Et quand il y parviendrait, cette preuve n'aboutirait encore à rien. Il s'agit ici de la propriété et seigneurie des rivières, canaux, ruisseaux, pulverins..... Or on a vu que les religieux réservaient toujours cette propriété et seigneurie, et qu'ils la possédaient dans toute sa plénitude en 1665 et 1751.

Ce mémoire est déjà trop long, nous nous arrêtons. Les faits d'ailleurs sont assez clairs et positifs, pour que nous n'ayons pas à en faire le résumé.

Il ne nous reste à faire connaître à la Cour le jugement que M. Vayson lui a déféré et que nous croyons avoir complètement réfuté.

DEBERLY, *Avocat*.

LEFRANÇOIS, *Avoué*.

Motifs du Jugement dont est appel.

Attendu qu'il y a dans la propriété des époux Delegorgue des eaux croupissantes dans les fossés où elles sont retenues par les eaux de la rivière Sotine, surélevées au moyen du barrage de l'usine du sieur Vayson, qui suivant le droit ancien comme dans le droit nouveau, le propriétaire a toujours le droit de se débarrasser de ces eaux ;

Attendu qu'il existe aussi des sources dans les fossés séparatifs d'avec les voisins, qu'il en existe aussi dans le fossé du lavoir et dans le fossé qui longe la pépinière ;

Qu'aux termes de l'art. 641 du code Napoléon, le propriétaire du fond a le droit de disposer à son gré des sources qui s'y trouvent à moins qu'il n'y ait possession ou titre contraire ;

Attendu que les faits de possession articulés par le sieur Vayson ne sont ni pertinents ni admissibles en preuve ;

Qu'en effet le législateur et la jurisprudence exigent, pour que la possession soit utile, qu'elle ait été précédée de travaux apparents exécutés sur le fond où jaillit la source ;

Que, dans l'espèce, il n'en est pas articulé par le sieur Vayson ;

Que les faits de curage et de faucardement des fossés, déniés par les époux Delegorgue, sont des actes trop fugitifs, pour pouvoir donner naissance à un droit de servitude ;

Attendu d'ailleurs que les époux Delegorgue ont chargé leurs locataires de curer les fossés ; que si parfois ceux qui ont exploité l'usine ont fait quelques travaux dans les fossés, c'était en demandant la permission, ce qui donne à ces actes un caractère de précacité ;

Attendu que le sieur Vayson invoque la destination du père de famille pour créer au profit de l'usine de Patience une servitude au préjudice de la propriété des époux Delegorgue ;

Que, pour qu'il en fut ainsi, il faudrait prouver : 1° que les deux propriétés ont appartenu au même maître ; 2° que les lieux étaient en l'état où ils se trouvent aujourd'hui au moment de la division, que ces preuves manquent au sieur Vayson, qu'il n'est justifié ni que l'héritage des époux Delegorgue provient du prieuré de St.-Pierre, ni que les lieux aient été dans l'état actuel au moment de la prétendue division dont l'époque n'est même pas indiquée.

PAR CES MOTIFS, ETC.

Amiens. — Imprimerie de Lenoel-Herouart, rue des Rabuissons, 10.

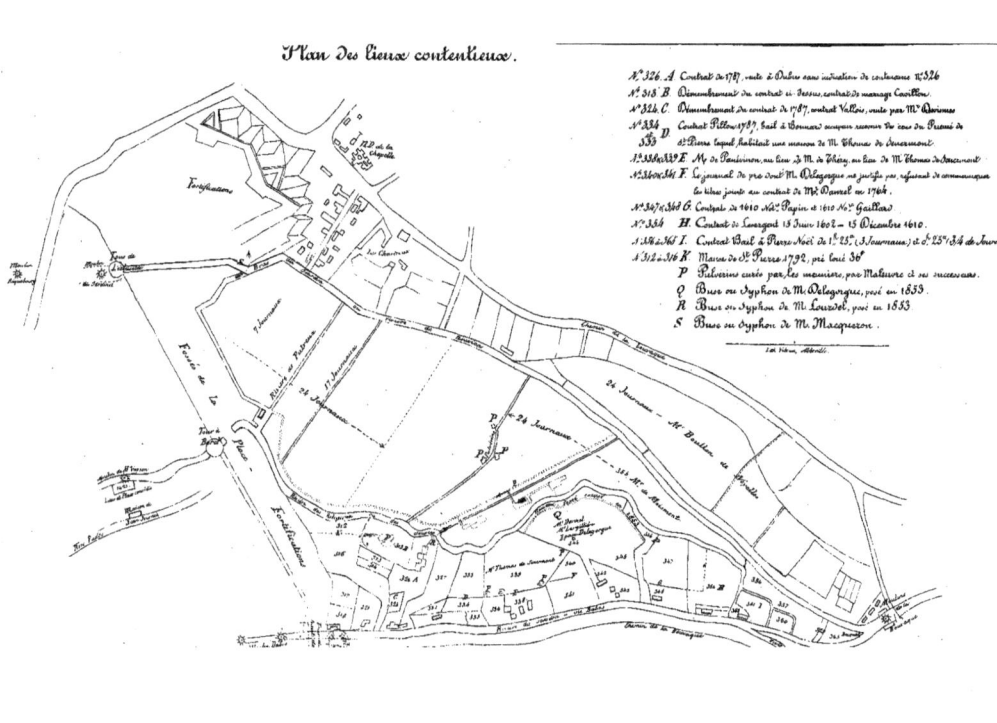

www.ingramcontent.com/pod-product-compliance
Lightning Source LLC
Chambersburg PA
CBHW060524050426
42451CB00009B/1150